AF603165

22 juin 1904

COLLECTION

M. le Comte de Quincey

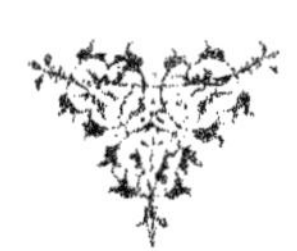

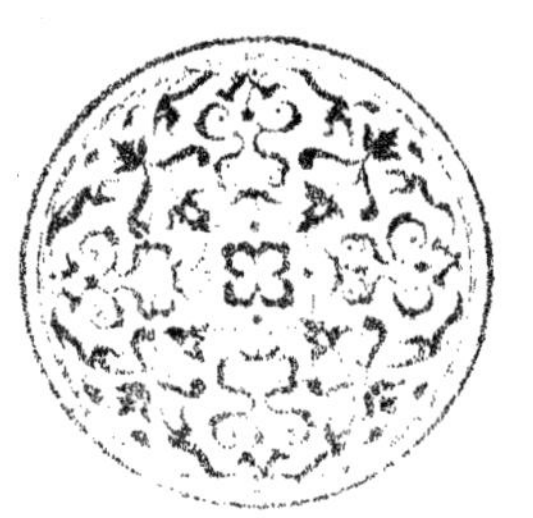

COLLECTION

DE

M. LE COMTE DE QUINCEY

CONDITIONS DE LA VENTE

Elle sera faite au comptant.

Les Acquéreurs paieront *dix pour cent* en sus des prix d'adjudication.

Paris. — Imp. Georges Petit, 12, rue Godot-de-Mauroy. — [illegible]

Collection de M. le Comte de QUINCEY

CATALOGUE

DE

TABLEAUX ANCIENS

PAR

[illegible], BEERSTRAETEN, BEYEREN (VAN), BLOOT (PIETER DE)
BOIS (G. DU), BOL (F.), BREKELENKAMP, BURGH
COMPE, CUYLEMBURG, GILLEMANS, GOYEN (VAN), HEEMSKERK, KONINCK (S.)
LEMOYNE (F.), MABUSE (JEAN), PALAMEDES STEVENS
PANINI (J.-P.), SNELLINCK, VERMEULEN

Important Tableau de l'École Allemande

Le Martyre de sainte Catherine

TRENTE ESQUISSES

Attribuées a LE BRUN Ch

pouvant servir d'illustration à l'Histoire [illegible]

Buste de Napoléon Ier en marbre blanc, par Spalla, d'après Chaudet

DONT LA VENTE AURA LIEU A PARIS

HOTEL DROUOT, SALLE No 6

Le Mercredi 22 Juin 1904

à deux heures et demie

Me F. LAIR-DUBREUIL	M. GEORGES SORTAIS
COMMISSAIRE-PRISEUR	PEINTRE-EXPERT PRÈS LE TRIBUNAL CIVIL DE LA SEINE
6, rue de Hanovre, 6	1, rue Mogador, 1

EXPOSITION PUBLIQUE

Le Mardi 21 Juin 1904, de 2 heures à 6 heures

PRÉFACE

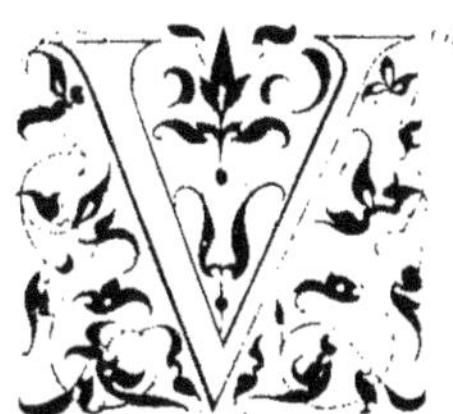

oici encore une collection rare, une collection formée depuis près de cent ans, qui va fournir aux amateurs, en des enchères sensationnelles, des œuvres d'un intérêt peu commun.

Toute la série des petits Hollandais, si précieux, si amusants parfois, si instructifs toujours, pour l'histoire des mœurs de la Flandre et des Pays-Bas, du XVIe au XVIIIe siècle, fut réunie, de 1810 à 1814, par le prince Le Brun, duc de Plaisance, alors qu'il était gouverneur de Hollande. Avec un goût renseigné pour les arts, et surtout l'art intimiste, dont il avait le modèle vivant sous les yeux, le duc de Plaisance sut choisir et bien choisir, avec un souci de varier sa collection et de placer à côté des calmes intérieurs ou des paysages reposants le heurt brutal des combats de cavaliers et la note plus difficile à interpréter des portraits, miroirs de psychologie.

C'est ainsi qu'à côté de toute une série de figures d'un beau caractère, on voit émerger quelques merveilleux morceaux d'anthologie, tels que le Portrait d'un Jeune Seigneur de Bol, le profil de vieillard de Salomon Koning, et, surtout, la figure d'homme de Mabuse, une rare œuvre qui appelle la grande et glorieuse paix d'un musée.

J'en dirai autant d'un panneau de l'école primitive allemande, *dans un parfait état de conservation*, le Martyre de sainte Catherine : *il y a bien deux figures principales, autour desquelles d'autres figures sont groupées, mais l'intérêt ne se concentre pas expressément sur les deux figures : on va de celles-ci aux vieillards à cheval, porteurs de sceptres et de lances, aux témoins bénévoles de la tragédie, au décor qui, vers le fond, traduit une autre scène de la vie de grâce de la sainte : en dehors de l'expression plastique, il y a une expression complexe de symboles qu'il est indispensable de pénétrer : il y a un mysticisme profond dont il s'agit de déchiffrer la mystérieuse convention ; et quand on s'est livré à cet effort, on ne peut qu'admirer l'énorme dépense de science que les primitifs mettaient au service de leur pensée, et l'énorme dépense d'habileté qu'ils mettaient au service de la technique de leur art. Ce* Martyre de sainte Catherine *est encore une œuvre digne d'un musée.*

*Ce fut le troisième fils du duc de Plaisance qui hérita de cette collection, pour laquelle il avait un attachement marqué, et qu'il enrichit lui-même de quelques rares morceaux. En 1817, il épousa M*lle *Cardon, qui lui apporta, par contrat, une autre série absolument remarquable, la série des esquisses de Le Brun, pour l'histoire de Cyrus.*

Un moment, j'ai pensé que ces trente-deux esquisses, dont un frontispice, esquisses très poussées, esquisses qui sont de véritables et remarquables tableaux, un moment, dis-je, j'ai pensé que ces esquisses avaient été gravées ; mais les recherches que j'ai faites à la Bibliothèque Nationale, aux Estampes et autre part, m'ont confirmé dans l'opinion qu'il s'agit là d'une œuvre importante rigoureusement inédite : Le Brun ne raconte là ni le Cyrus de la Bible, ni le Cyrus de Xénophon, mais, ainsi qu'il appert de la note publiée plus loin, de quelques chapitres d'Hérodote, et l'interprétation par le peintre du texte de l'historien grec est singulièrement précise ; si l'on songe, d'autre part, à la puissance créatrice de Le Brun, l'un des plus grands peintres de l'école française du XVII*e siècle, celui qui eut la gloire d'imposer un style à son siècle, un style si parfaitement d'accord avec les desiderata de l'autorité* *monarchique d'alors, on doit comprendre avec quelle verve Le Brun sut exécuter ces compositions, où il se plaisait, sous le masque de l'héroïque figure antique, à exalter un prince qui l'avait suffisamment comblé de bienfaits, pour qu'il fût excusable de donner à sa flatterie le parfum de la gratitude.*

La collection passa ensuite par héritage à la fille du baron de Plaisance, qui avait épousé le comte Daru, fils aîné du ministre de Napoléon Ier, de qui il tenait le buste qui est catalogué plus loin. Je n'insiste pas davantage : j'ai dit, au début de ces lignes, que l'ensemble qui allait être dispersé était un ensemble rare : les amateurs feront bien de s'y arrêter longuement et de ne considérer comme indifférent aucun des morceaux qui le composent : à côté des tableaux de gens illustres, il se trouve de petites merveilles de petits maîtres, dont les œuvres ne se rencontrent pas fréquemment dans les ventes, mais dont les musées sont très fiers de posséder des spécimens. C'est aux amateurs à ne pas se laisser enlever les précieux morceaux qui auront provoqué leurs convoitises.

L. ROGER-MILES.

DÉSIGNATION

TABLEAUX ANCIENS

A. B.

1 — **L'Hiver sur le canal, en Hollande.** 900 Leroy

Le canal est pris et voici que sur la glace, gentilshommes et nobles dames, bourgeois et commères, s'en viennent parader. A gauche, une tente où se pressent des personnages, pour se réchauffer. A droite, un sloop de pêche pris dans la glace, puis un moulin. Au fond, dans une ambiance bleue, toute une ville avec ses églises, ses clochers et ses monuments.

Signé à droite, en bas, sur le fond d'une futaille : *A. B., 1621.*

Dans la manière d'Avercamp.

Panneau. Haut., 45 cent.; larg., 57 cent. 1/2

AUGLEMBURGH

2 — **Les Patineurs sur l'Escaut, au clair de lune.** 120 Wackman

Signé à droite, en bas : *O. P. Auglemburg fecit 1601.*

Haut., 40 cent.; larg., 52 cent.

BEERSTRATEN (JEAN)

3 — Port de mer italien.

Signé vers le bas, au milieu : *Beerstraten, 1660.*

Toile. Haut., 1 m. 08; larg., 1 m. 31.

BEYEREN (VAN)

4 — La Bonne pêche.

On a déposé au bord de l'eau, pêle-mêle, les poissons qui viennent d'être pêchés et dont les écailles d'argent brillent à la lumière.

Toile. Haut., 50 cent.; larg., 66 cent 1/2.

BLOOT (PETER DE)

5 — Proverbe flamand.

Un homme en noir frappe à grands coups de gaule un individu que d'autres s'appliquent à faire tomber, tandis qu'autour d'eux des gens assistent à la scène, secoués par le rire.

Panneau. Haut., 41 cent.; larg., 53 cent.

BOIS (CORNEILLE DE)

6 — Le Soir sur la vallée.

Signé à droite, en bas : *Co. Bois. 1640.*

Panneau. Haut., 40 cent.; larg., 59 cent.

BOIS (CORNEILLE DE)

7 — La Rentrée des troupeaux.

Signé à gauche, en bas : *Co. Bois, 1648.*

Panneau. Haut., 40 cent.; larg., 59 cent.

1.

Kle

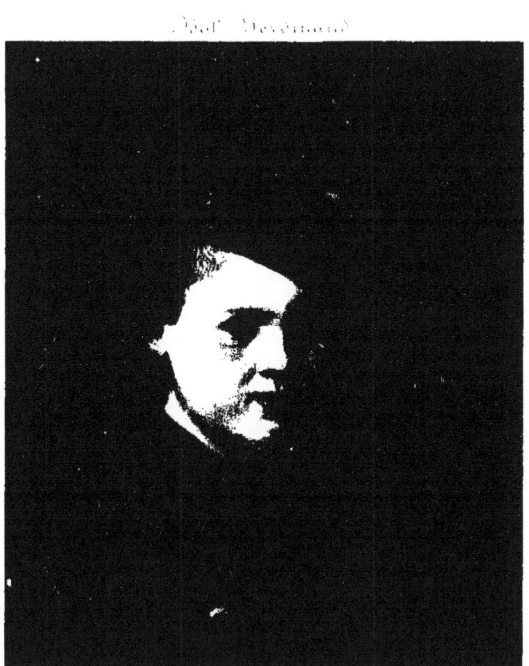

Portrait d'un jeune [illegible]

BOL (FERDINAND)

1.500
Leroy

8 — Portrait d'un jeune Seigneur.

Il est vu jusqu'à la poitrine, de trois quarts à droite, une écharpe de linon de couleur roulée autour du cou sur un vêtement rouge. Une chaîne d'or est posée sur les épaules et descend au devant de la poitrine. Ses cheveux blonds sont coupés courts. Ils sont coiffés d'un bonnet de velours rouge, orné d'un perlé et d'une aigrette. Une petite boucle pend à l'oreille. Les yeux sont noirs, la bouche parle, le nez est amusant. L'ovale du visage ne manque pas de joliesse.

Peinture d'une exécution blonde et limpide.

Panneau. Haut., 42 cent., larg., 34 cent.

BOURGUIGNON (JACQUES COURTOIS, DIT LE)

9 — **Combats de cavalerie.**

Deux tableaux formant pendants.

Toile. Haut., 45 cent.; larg., 78 cent.

BRAUWER (ÉCOLE DE A.)

10 — **L'Ivrogne volé.**

Panneau. Haut., 15 cent. 1/2; larg., 11 cent. 1/2.

BREKELENKAMP (?)

11 — **La Marchande de poisson.**

Debout derrière son étal, elle tient de la main droite le couteau avec lequel elle vient de couper un saumon, et, de la main gauche, elle prend une sole dans une banne.

Signé au milieu, en bas : *Q. B. 1669.*

Panneau. Haut., 24 cent.; larg., 20 cent.

BURGH (H. V. S.)

12 — **La Vieille Tricoteuse.**

Elle est assise, vêtue de sa cape brune et de sa capeline noire, ses chaussures placées sur sa chaufferette, et elle tricote, tandis qu'auprès d'elle son chien dort sur un tabouret. Près d'elle, on voit, sur une table couverte d'un tapis, un étui à besicles et un vase de cristal dans lequel il y a quelques fleurs.

Signé à gauche, en bas : ***H. V. S., Burgh 1812.***

Panneau. Haut., 38 cent.; larg., 31 cent.

BURGH (H. V. S.)

13 — **Intérieur flamand.**

Dans la pièce claire, l'aïeule, assise près de la fenêtre, tient son petit-fils, tandis que la mère, assise de l'autre côté d'une table, est en train de moudre du café.

Très curieux tableau, quant aux détails qu'il donne de l'intérieur flamand et de la vie que l'on y mène.

Signé à gauche, en bas : *H. V. S. Burgh, 1812.*

Panneau. Haut., 30 cent.; larg., 45 cent.

48
Wimbac

BURGH (H. V. S.)

14 — **Les Pêcheurs sur l'Escaut.**

Signé à droite, en bas : *H. V. S. Burgh.*

Panneau. Haut., 31 cent.; larg., 41 cent. 1/2.

105
Verrière

COMPE (J.-F.)

15 — **Le Palais du gouverneur de Hollande à la fin du XVIIIe siècle.**

Gentilshommes en costume Louis XV devant un palais.
Signé au milieu, en bas : *J. F. Compe. F.*

Toile. Haut., 59 cent.; larg., 87 cent.

75
Dreyfus

CUYLEMBURG

16 — **Le Retour du Marché.**

Signé au milieu, en bas : *Cuylemburg, 1800.*

Toile. Haut., 60 cent.; larg., 73 cent.

21
Henri Rochefort

DELACROIX (Eugène)

41
Henri Rochefort

17 — **Muletier des Pyrénées.**

Il est assis sur un quartier de pierre, la jambe gauche très relevée, la main appuyée à son bâton. Son feutre est déposé près de lui.

Signé à droite, en bas : *Eug. Delacroix, Eaux-Bonnes, 1845.*

Aquarelle. Haut., 27 cent. 1/2; larg., 20 cent. 1/2.

DUJARDIN (École de Karel)

50

18 — **Le Passage du gué.**

Toile. Haut., 31 cent.; larg., 29 cent.

FYT (École de Johannès)

36
Rougeron

19 — **Nature morte.**

Au pied d'un bouquet d'arbres sont déposées des pièces de gibiers : perdrix et bécassines.

Toile. Haut., 52 cent.; larg., 60 cent.

FYT (École de Johannès)

20 — **Nature morte.**

Canards, bécassines et perdrix.

Pendant du précédent.

Toile. Haut., 51 cent.; larg., 61 cent. 1/2.

GILLEMANS (JEAN-PAUL)

DEUX PENDANTS

21 — **Les deux Médaillons.**

1° Dans un encadrement de fruits murs retenus par des éléments sculptés, le médaillon apparaît portant un profil de femme tourné à droite.

2° Dans un encadrement de fruits murs retenus par des éléments sculptés, un médaillon où l'on aperçoit un profil d'homme jeune tourné à gauche.

Toile. Haut., 57 cent.; larg., 42 cent.

105
Rougeron

GOYEN (JEAN VAN)

22 — **L'Auberge au tournant de la route.**

Panneau. Haut., 26 cent.; larg., 35 cent.

2.550
Kleinberger

GRAAFLER (L.)

23 — **Les Bords du Rhin.**

Signé à droite, en bas : *L. Graafler.*

Toile. Haut., 41 cent.; larg., 48 cent.

65
Dreyfus

HALS (ATTRIBUÉ A FRANZ)

24 — **La Bonne Farce.**

Panneau. Haut., 29 cent. 1/2; larg., 23 cent.

80
Sortais

HEMSKERK

25 — **La Soupe du Chien.**

Panneau. Haut., 12 cent.; larg., 16 cent. 1/2.

41
Lespagnol

HOREMANS (Jean)

26 — **La Gaîté à la Ferme.**

Toile. Haut., 50 cent.; larg., 59 cent. 1/2.

HOREMANS (Jean)

27 — **Les Joueurs à la Ferme.**

Pendant du précédent.

Toile. Haut., 48 cent.; larg., 57 cent.

KLEIME (D.)

28 — **Les Vaisseaux à l'ancre.**

Signé à gauche, en bas : *D. Kleime.*

Panneau. Haut., 22 cent. 1/2; larg., 29 cent.

KLEIME (D.)

29 — **Les Patineurs.**

Panneau. Haut., 22 cent. 1/2; larg., 29 cent.

KONING (Salomon)

30 — **Portrait d'homme.**

Vu jusqu'à la poitrine, de trois quarts à gauche, un nez busqué, des yeux petits, des pommettes saillantes, puis une grande barbe blanche et des cheveux souples et gris qui émergent d'un bonnet de velours noir. Le personnage doit être drapé dans un manteau de velours qui laisse apercevoir près du collet du pourpoint une chaîne d'or.

Panneau. Haut., 37 cent. 1/2; larg., 31 cent.

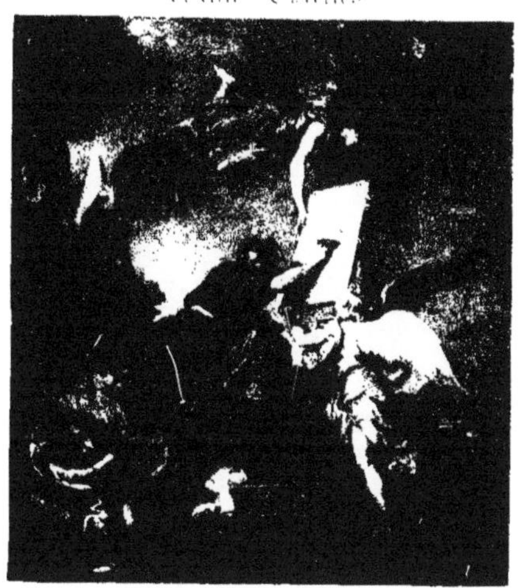

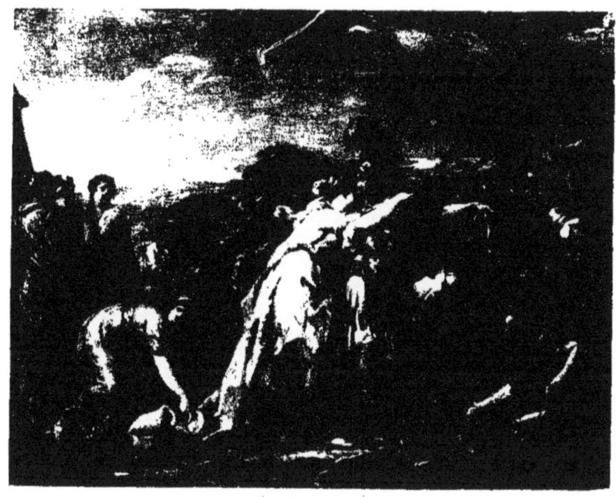

LE BRUN (PAR OU ATTRIBUÉ A)

31 — **Trente-deux Tableaux pouvant servir d'illustration à l'Histoire de Cyrus.**

1.150 Sortais

Entre autres épisodes :

Prophétie sur Cyrus (Isaïe, 45). — *Songe d'Astyage* (Hérodote, I, 108). — *Astyage confie Cyrus à Harpagus, pour qu'il le fasse périr* (Hérodote, I, 108). — *Substitution de Cyrus à l'enfant d'un berger* (Hérodote, I, 112). — *Cyrus fait battre de verges le fils d'Artembarès* (Hérodote, I, 114). — *Artembarès se plaint à Astyage* (Hérodote, I, 114-115). — *Astyage fait servir dans un festin à Harpagus, le corps de son fils* (Hérodote, I, 119). — *Retour de Cyrus à la maison paternelle* (Hérodote, I, 122). *Mariage de Cyrus* (Xénophon, *Cyropédie*, VIII, 5). — *Cyrus reçoit le message qu'Harpagus avait enfermé dans un lièvre* (Hérodote, I, 124). — *Apollon exauçant la prière de Crésus, éteint son bûcher sous la pluie* (Hérodote, I, 87). — *Entretien de Crésus et de Cyrus* (Hérodote, I, 87). — *Tigrane aux pieds de Cyrus* (Xénophon, *Cyropédie*, III, 1). — *Adieux de Panthée à Abradate* (Xénophon, *Cyropédie*, VI, 4). — *Cyrus et Panthée pleurent Abradate mort* (Xénophon, *Cyropédie*, VII, 3). — *Cyrus détourne le cours de l'Euphrate* (Hérodote, I, 191 ; Xénophon, *Cyropédie*, VII, 5). — *Festin de Balthazar* (Daniel, V, 25). — *Prophétie de Daniel* (Daniel, V, 25). — *Surprise nocturne de Babylone.* — *Sac de Babylone.* — *Triomphe de Cyrus.* — *Mort de Cyrus* (Hérodote, I, 214). — *Sur l'ordre de Tomyris, la tête de Cyrus est plongée dans le sang* (Hérodote, I, 214). — *Alexandre au tombeau de Cyrus* (Quinte Curce, X, 1), etc., etc..

LEMOYNE (ATTRIBUÉ A JEAN-FRANÇOIS)

32 — **Les Quatre Saisons.**

Panneaux décoratifs : dessus de porte.

Chaque panneau : Haut., 58 cent.; larg., 1 m. 65.

LE RICHE (ATTRIBUÉ A)

33 — **Sept panneaux représentant des fleurs dans des vases et dans des corbeilles.**

Trumeaux.

Quatre de ces panneaux, sur toile, à fond bleu, mesurent:
Haut., 61 cent; larg., 59 cent.
Trois de ces panneaux, sur toile, mesurent :
Haut., 61 cent.; larg., 50 cent.

LINGELBACH (GENRE DE)

34 — **Le Joueur de flûte.**

Panneau. Haut., 19 cent.; larg., 16 cent.

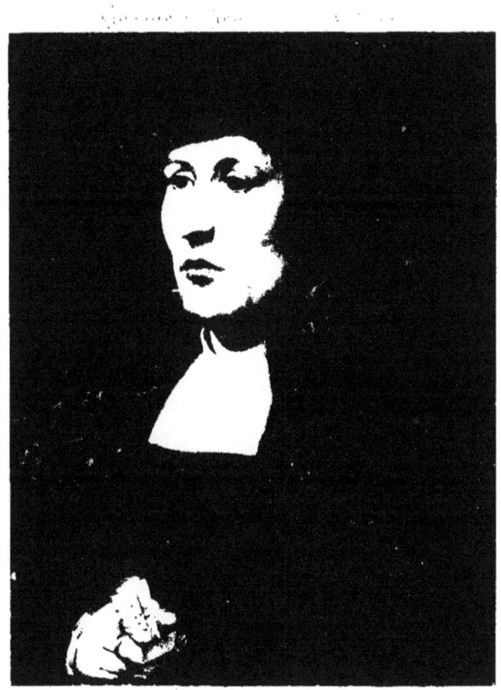

MABUSE (JEAN GOSSAERT, DIT)

35 — **Portrait présumé de l'artiste.**

Il est vu jusqu'à mi-corps, de trois quarts à gauche, en pourpoint vert foncé, chemise blanche et manteau brun à collet droit doublé de vair. De la main droite il tient un papier roulé, portant de l'écriture manuscrite. Ses cheveux sont frisés et cachés par le chapel noir d'étoffe souple. En guise d'affiquet, sur le rebord, le peintre y a mis son monogramme *I*.

Sur le manuscrit, on lit : *Johannes Malbodius pingebat.*

Peinture d'une grande pureté et d'un intense caractère, de toute rareté.

Panneau. Haut., 46 cent. 1/2 ; larg., 35 cent.

MORTOL

36 — **Des fruits sur une console de marbre portée par un triton.**

Signé à gauche, en bas, sur la table de marbre : *Mortol fecit 1682.*

Toile. Haut., 49 cent.; larg., 41 cent

MOUCHERON (Attribué a Isaac)

37 — **L'Arrivée au château.**

Signé à gauche, en bas : *D. C. M.*

Panneau. Haut., 46 cent.; larg., 35 cent.

MUSSCHER (Attribué a Michel Van)

38 — **Portrait d'homme.**

De trois quarts à droite, vu jusqu'à mi-corps, en robe d'intérieur grise doublée de soie bleue, un grand manteau de velours grenat jeté négligemment sur les bras, il porte la grande perruque de la fin du règne de Louis XIV.

Toile de forme ovale. Haut., 48 cent.; larg., 40 cent.

MUSSCHER (Attribué a Michel Van)

39 — **Portrait de femme.**

Vue jusqu'à mi-corps, presque de face, elle retient de sa main gauche, le bras ployé, une draperie de velours bleu, sur laquelle chante le rose vif de son costume.

Toile de forme ovale. Haut., 49 cent.; larg., 41 cent.

MUSSCHER (Michel Van)

40 — **Portrait de femme assise.**

Toile. Haut., 43 cent.; larg., 35 cent.

NAIVEU (Mathieu)

41 — **La Marchande de légumes et de poissons.**

Signé au milieu, en bas : *Naiveu.*

Toile. Haut., 35 cent.; larg., 27 cent.

NEER (École de Art Van der)

42 — **Le Printemps sur les bords de l'Escaut.**

Panneau. Haut., 27 cent. 1/2; larg., 39 cent.

NEER (École de Art Van der)

43 — **Lever de lune sur l'Escaut.**

Panneau. Haut., 26 cent.; larg., 28 cent.

NIEULANT (A. Van)

44 — **La Halte des Juifs dans le désert.**

Signé à gauche, en bas : *A. Van Nieuwelant.*
On lit aussi : *Genesis chap. XXXVI, verso VI.*

Peinture sur cuivre. Haut., 57 cent., larg., 45 cent.

OMMEGANCK (Genre d')

45 — **Le Chasseur dans la plaine.**

Toile. Haut., 67 cent.; larg., 83 cent.

OSTADE (École d'Adrien Van)

46 — **Les Rieurs.**

Panneau. Haut., 22 cent. 1/2; larg., 21 cent. 1/2.

OSTADE (École d'Adrien Van)

47 — **Une Bonne histoire.**

Panneau. Haut., 18 cent.; larg., 18 cent.

PALAMÈDES (Stevens, dit Antoine)

48 — **Portrait d'homme.**

Signé à droite, en bas, vers le milieu : *A. Palamèdes pinxit, 1636.*

Toile. Haut., 46 cent. 1/2; larg., 38 cent.

PANINI (Jean-Paul)

49 — **Adoration des Rois Mages.**

Sur les marches du temple en ruines, la Vierge est assise, présentant l'Enfant-Jésus à l'adoration des Rois Mages qui lui apportent leurs présents. A droite, d'autres personnages sont maintenus par la milice. Dans le ciel baigné de lumière, des têtes d'anges voltigent.

Toile. Haut., 99 cent.; larg., 74 cent.

PANINI (JEAN-PAUL)

50 — **L'Adoration des Bergers.**

Dans un temple en ruines, sous le ciel clair, c'est la foi nouvelle qui naît. Les bergers apportent leur hommage à l'Enfant-Jésus que tient la Vierge.

Toile. Haut., 99 cent. ; larg., 75 cent.

PARCELLIS (JEAN)

51 — **Les Naufragés.**

Signé à gauche, vers le bas, sur une épave : *J. P. C.-R.*

Panneau. Haut., 47 cent.; larg., 71 cent.

ROKES DIT ZORG (ÉCOLE DE)

52 — **Le Fumeur.**

Près de l'âtre, où sur le feu chauffe le coquemar, le fumeur vêtu de gris est assis, et tenant sa pipe de la main droite, il renvoie la fumée. De la main gauche il tient un pichet.

Panneau. Haut., 25 cent. 1/2 ; larg., 36 cent. 1/2.

RUYSDAEL (ATTRIBUÉ A SALOMON)

53 — **L'Hiver en Hollande.**

Sous un ciel chargé de nuages sombres, une église et des maisons dont le toit est couvert de neige. De la neige également sur le sol. De la glace à la surface du canal que traversent des patineurs, et dans les arbres aux branches dépouillées, des broderies de givre.

Panneau. Haut., 74 cent. ; larg., 1 m. 10.

RUYSDAEL (ATTRIBUÉ A SALOMON)

54 — **Le Passeur.**

Panneau. Haut., 40 cent.; larg., 60 cent. 1/2.

SAUVAGE

55 — **Jeux d'enfants.**

Deux frises décoratives : grisaille sur fond bleu.

Toile. Haut., 59 cent. ; larg., 90 cent., 1 m. 09.

SAVARY (ROLAND)

(1576-1639)

56 — **Les Croisés.**

Signé en bas, vers la droite : *R. S.*

Panneau. Haut., 33 cent. 1/2 ; larg., 38 cent.

SILO (ADAM)

57 — **La Flotte.**

A gauche, en bas, sur un glaçon, on lit : *Gesigt vant Blaund Kooft tot Amsterdam op den 14 Mangl 1729 van Silo.*

Toile. Haut., 76 cent. ; larg., 1 m. 03.

SNELLINCK (JEAN)

58 — **Les Animaux de l'Arche.**

Au fond, à droite, on aperçoit quelques animaux qui montent dans l'arche. Sur le sol, toutes les bêtes de la création se trouvent assemblées. A gauche, la famille de Noé.

Signé en bas, vers le milieu : *G. Snellinck.*

Panneau. Toile. Haut., 90 cent. 1/2 ; larg., 1 m. 56.

STEEN (ÉCOLE DE)

59 — **La Leçon de dessin.**

Panneau. Haut., 40 cent. ; larg., 31 cent. 1/2.

TERBURG (ÉCOLE DE)

60 — **Portrait d'homme.**

Panneau. Haut., 32 cent. ; larg., 24 cent.

VERMEULEN

61 — **La Bourrasque, l'hiver, sur le canal.**

Signé à gauche, en bas : *F. Vermeulen.*

Panneau. Haut., 53 cent.; larg., 64 cent.

VERMEULEN

62 — **L'Hiver en Hollande.**

Panneau. Haut., 29 cent.; larg., 42 cent.

VERSCHUURING

63 — **La Défense des Drapeaux.**

Les deux hommes d'armes viennent d'enlever à l'ennemi des drapeaux et, autour d'eux, les soldats s'empressent pour les leur reprendre.

A droite, dans le lointain, sur une colline, on aperçoit un couvent. A gauche, dans la plaine, la bataille se poursuit.

Signé à gauche, en bas : *H. Verschuuring fecit.*

Toile. Haut., 55 cent.; larg., 68 cent.

WAEL (CORNEILLE DE)

64 — **L'Adoration des Bergers.**

Signé au milieu, en bas : *Wfe.* (*Wael fecit*).

Toile. Haut., 86 cent., larg., 1 m. 07.

WEENIX (ÉCOLE DE JAN)

65 — **La Meute.**

Toile. Haut., 61 cent.; larg., 83 cent.

ÉCOLE ALLEMANDE

15.500

Kleinberger

66 — Le Martyre de sainte Catherine.

Au premier plan, la sainte est agenouillée, vêtue d'un costume rouge à manches fendues et doublé d'hermine, qui laisse voir la robe de dessous vert foncé. Elle joint les mains, résignée et pieuse. Elle incline sa jolie tête jeune, dont les cheveux blonds sont retenus sous un diadème enrichi de perles et d'émaux. Debout près d'elle, le bourreau lève de ses deux mains l'épée qu'il va abattre sur son cou. Le bourreau est vêtu de chausses violettes, marquées sur la cuisse droite d'une broderie symbolique de sa fonction, et d'un pourpoint retenant les chausses par des aiguillettes. Il est coiffé de la résille rembourrée de crin dont les exécuteurs des hautes œuvres protégeaient leur crâne contre un geste trop vif de l'épée de justice. Autour d'eux, la foule s'est massée, cavaliers et piétons, hommes d'armes et curieux.

A droite, sur un cheval blanc que retient un page, se tient un vieillard représentant le pouvoir royal et tenant de la main droite un sceptre d'or.

Au fond, à droite, on aperçoit une autre scène de martyre, une sainte agenouillée devant les roues de supplice qui doivent labourer ses chairs vierges, et des hommes, qu'un orage subit, avec des foudres menaçantes, empêche de mener plus loin leur forfait.

A gauche enfin, le paysage change encore. C'est une ville forte qui grimpe en amphithéâtre, et qui présente sous un ciel clair ses monuments, église, palais, cirque et citadelle.

Belle peinture en parfait état de conservation et à double face.

Panneau. Haut., 94 cent.; larg., 68 cent.

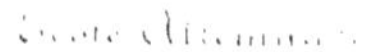

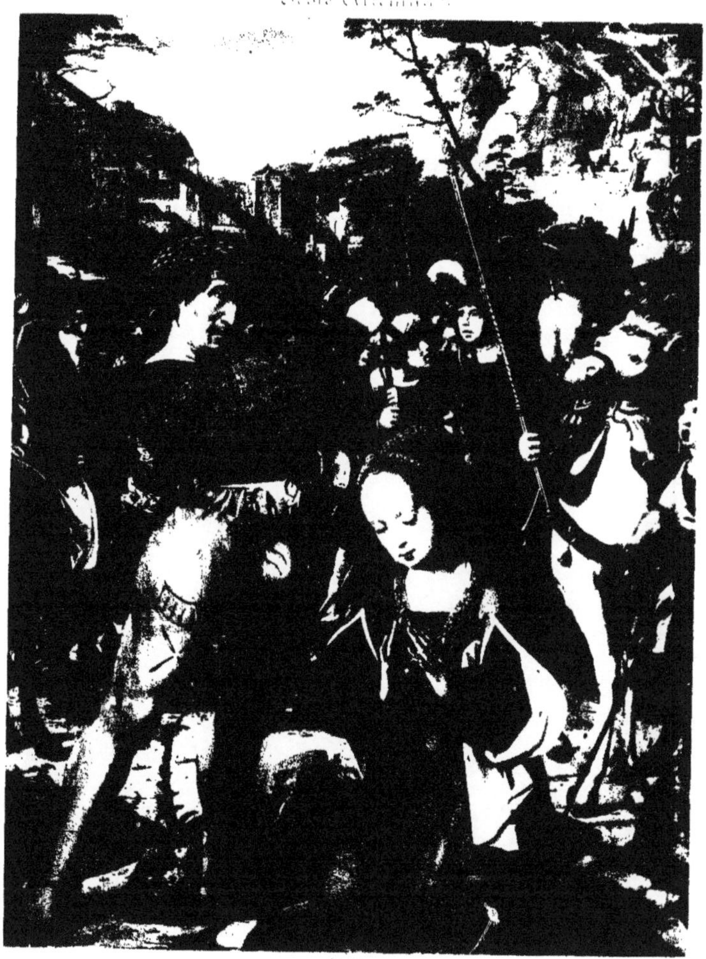

ÉCOLE FLAMANDE

Fin du XVIIe siècle. 35

67 — **Rivière dans un défilé.**

Toile. Haut., 1 m. 22 ; larg., 1 m. [illegible].

ÉCOLE HOLLANDAISE

XVIIe siècle.

68 — **L'Écrivain.** 32

Il est assis, vêtu de noir et ses cheveux blonds débordant de son feutre noir à larges bords ; il écrit en retenant son papier sur un damier qui lui sert de pupitre.

Panneau. Haut., 32 cent. ; larg., 2[illegible] cent.

ÉCOLE HOLLANDAISE

69 — **Samson et Dalila.** 35

Panneau. Haut., 45 cent. ; larg., 65 cent. 1/2. Henri Rochefort

ÉCOLE HOLLANDAISE

70 — **Le Campement.** 140

Signé à droite, en bas : *C. Varg*[illegible]. Dufour

Panneau. Haut., 41 cent. ; larg., 54 cent.

ÉCOLE HOLLANDAISE

XVIIe siècle. 20

71 — **La Tempête.**

Toile. Haut., 48 cent. ; larg., 72 cent. 1/2.

ÉCOLE HOLLANDAISE

72 — **Le Laocoon.**

Panneau. Haut., 42 cent.; larg., 58 cent.

ÉCOLE HOLLANDAISE

xviie siècle.

73 — **Chez le Charcutier.**

Panneau. Haut., 43 cent.; larg., 51 cent.

ÉCOLE HOLLANDAISE

Commencement du xviie siècle.

74 — **La Conversion de saint Paul.**

Panneau. Haut., 26 cent.; larg., 36 cent.

ÉCOLE RUSSE

Fin du xviiie siècle.

75 — **Moscou.**

Aquarelle. Haut., 63 cent.; larg., 96 cent. 1/2.

ÉCOLE RUSSE

Fin du xviiie siècle.

76 — **Vue du Kremlin.**

Aquarelle. Haut., 63 cent.; larg., 97 cent.

77 — Lots de dessins et gravures. Seront divisés.

MARBRE

SPALLA (D'APRÈS CHAUDET)

78 — **Buste de Napoléon Ier.**

Sur le marbre, en bas, on lit : *Spalla Torinensis sculpsit in marmore patrio.*

www.ingramcontent.com/pod-product-compliance
Ingram Content Group UK Ltd.
Pitfield, Milton Keynes, MK11 3LW, UK
UKHW021945260726
13994UKWH00004B/1554

9 782329 515298